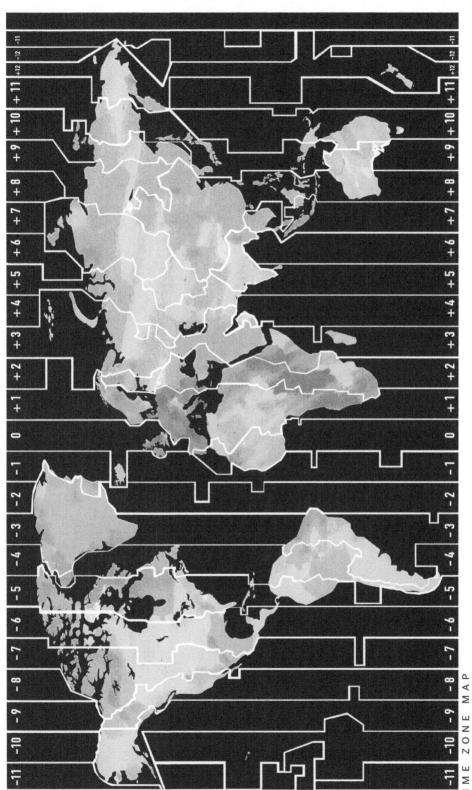

TIME ZONE MAP

DESTINATION(S):

GOOD TO KNOW ABOUT REGION AND CULTURE:

PACKING LIST

- [ ]
- [ ]
- [ ]
- [ ]
- [ ]
- [ ]
- [ ]
- [ ]
- [ ]
- [ ]
- [ ]
- [ ]
- [ ]
- [ ]
- [ ]
- [ ]
- [ ]
- [ ]
- [ ]
- [ ]
- [ ]
- [ ]
- [ ]
- [ ]
- [ ]
- [ ]
- [ ]
- [ ]
- [ ]
- [ ]
- [ ]

- [ ]
- [ ]
- [ ]
- [ ]
- [ ]
- [ ]
- [ ]
- [ ]
- [ ]
- [ ]
- [ ]
- [ ]
- [ ]
- [ ]
- [ ]
- [ ]
- [ ]
- [ ]
- [ ]
- [ ]
- [ ]
- [ ]
- [ ]
- [ ]
- [ ]
- [ ]
- [ ]
- [ ]
- [ ]
- [ ]
- [ ]

TO DO BEFORE LEAVING

BUCKET LIST

BUDGET

TOTAL:	TOTAL:

LOCATION: DATE:

LOCATION: DATE:

LOCATION: DATE:

LOCATION: DATE:

LOCATION: DATE:

LOCATION: DATE:

LOCATION: DATE:

DESTINATION(S):

GOOD TO KNOW ABOUT REGION AND CULTURE:

PACKING LIST

TO DO BEFORE LEAVING

- [ ]
- [ ]
- [ ]
- [ ]
- [ ]
- [ ]
- [ ]
- [ ]
- [ ]
- [ ]
- [ ]
- [ ]
- [ ]
- [ ]
- [ ]
- [ ]
- [ ]
- [ ]
- [ ]
- [ ]
- [ ]
- [ ]
- [ ]
- [ ]
- [ ]
- [ ]
- [ ]
- [ ]
- [ ]
- [ ]
- [ ]

BUCKET LIST

BUDGET

TOTAL:		TOTAL: